Avispa cuco

Grace Hansen

Abdo Kids
INSECTOS IMPRESIONANTES

Abdo Kids Jumbo es una subdivisión de Abdo Kids
abdobooks.com

abdobooks.com

Published by Abdo Kids, a division of ABDO, P.O. Box 398166, Minneapolis, Minnesota 55439.

Printed in China

102024

012025

THIS BOOK CONTAINS RECYCLED MATERIALS

Spanish Translator: Maria Puchol

Photo Credits: Alamy, iStock, Science Source, Shutterstock

Production Contributors: Teddy Borth, Jennie Forsberg, Grace Hansen
Design Contributors: Candice Keimig, Victoria Bates

Library of Congress Control Number: 2024939029

Publisher's Cataloging-in-Publication Data

Names: Hansen, Grace, author.

Title: Avispa cuco/ by Grace Hansen.

Other title: Cuckoo wasp. Spanish

Description: Minneapolis, Minnesota: Abdo Kids, 2025. | Series: Insectos impresionantes | Includes online resources and index

Identifiers: ISBN 9798384904397 (lib.bdg.) | ISBN 9798384904953 (ebook)

Subjects: LCSH: Chrysididae--Juvenile literature. | Wasps--Juvenile literature. | Desert animals--Juvenile literature. | Insects--Juvenile literature. | Insects--Behavior--Juvenile literature. | Spanish language materials--Juvenile literature.

Classification: DDC 595.7--dc23

Contenido

La avispa cuco

La avispa cuco habita en países de todo el mundo. Prefieren los lugares cálidos y secos.

Son insectos bastante pequeños. Llegan a crecer hasta media pulgada de largo (1.27 cm).

7

Son avispas de impresionantes colores **metálicos** brillantes, por eso también se les llama avispas joya o avispas esmeralda.

En general son verdes o azules, pero también pueden ser rojas o doradas.

Haciéndose el "loco"

Deben el nombre de cuco a los pájaros cuco. En inglés es *cukoo*, que significa tonto o loco. Los pájaros cuco ponen sus huevos en los nidos de otras aves. Cuando nacen sus propios polluelos, las aves del nido los cuidan.

carricero
polluelo de cuco

Las avispas cuco también ponen sus huevos en los nidos de otros insectos. De este modo se aseguran de que sus crías se alimenten.

Las hembras vuelan hasta que encuentran un nido de abejas o de avispas. Entran sigilosamente en el nido y ponen sus huevos.

Cuando los huevos eclosionan, las **larvas** de la avispa cuco tiene mucha comida a su alrededor. Se comen los huevos y las larvas de la avispa o abeja del nido.

Las **larvas** de la avispa cuco comen, crecen y se convierten en **pupa**. Cuando se hacen adulto abandonan el nido y van en busca de una **pareja**.

21

Más datos

- Cuando estas avispas son más amarillas se llaman avispas doradas y cuando tienen más color rojo, se las llama avispas de cola roja.

- A menudo se las descubre entrando en los nidos de otros insectos. Cuando las otras avispas o abejas las ven, las atrapan y las echan de sus nidos.

- Cuando se ven atrapadas estas avispas tienen un sistema de defensa interesante. Esconden las patas y se enrollan en una pelota. Así es más difícil que el otro animal las agarre o les haga daño.

Glosario

larva – estado de un insecto cuando sale del huevo y antes de convertirse en su forma de adulto. Una larva no tiene alas, parece un gusano.

metálico – que tiene propiedades reflectantes y colores que cambian según el ángulo desde el que se mire.

pareja – compañero/a con el que se puede tener crías.

pupa – estado inactivo de un insecto, entre las etapas de larva y de adulto.

Índice